A LA MÉMOIRE

DE

Pierre CHAUMONT

NÉ A CHASSAGNE-BASSE (PUY-DE-DÔME)

Le 28 Février 1818

DÉCÉDÉ A PARIS

Le 27 Décembre 1884

A LA MÉMOIRE

DE

Pierre CHAUMONT

A LA MÉMOIRE

DE

Pierre CHAUMONT

NÉ A CHASSAGNE-BASSE (PUY-DE-DÔME)

Le 28 Février 1818

DÉCÉDÉ A PARIS

Le 27 Décembre 1884

NOTICE NÉCROLOGIQUE

A la Mémoire de Pierre CHAUMONT

Ceci est le récit de la vie d'un homme honnête qui fut un rude travailleur et dont le trop court passage sur cette terre a été marqué par de nombreux bienfaits.

Pierre Chaumont, mort conseiller général, maire de Glaine-Montaigut, directeur de l'Ecole pratique d'agriculture de La Molière, propriétaire d'un riche domaine et possesseur d'une grande fortune, était le fils de ses œuvres.

A l'âge de dix-huit ans, il partait de Chassagne-Basse, près d'Arlanc (arrondissement d'Ambert), son pays natal, le sac au dos, quelque menue monnaie dans la poche, et allait s'engager comme ouvrier terrassier dans un chantier de construction de chemin de fer. Il remua si bien la pelle et la pioche, il vécut avec une si grande économie, il se mit au travail avec une telle ardeur, que bientôt il fut à même de prendre une première entreprise de construction.

C'est alors qu'il déploya toutes les aptitudes spéciales qui, avant peu, devaient faire de lui un entrepreneur renommé. Tous ses travaux, menés avec une rare habileté, une surveillance incessante, un infatigable labeur, lui méritèrent les éloges. des grandes Compagnies et lui valurent d'heureux résultats : chaque nouvelle opération était pour lui un nouveau succès ; et ce succès n'était pas dû au hasard ; il était la juste récompense des qualités d'ordre et de travail de Pierre Chaumont.

Celui que nous regrettons prit ainsi une part importante à la construction d'un grand nombre de nos voies ferrées ; de magnifiques travaux d'art ont rendu son nom populaire et renommé dans le monde des entrepreneurs.

La fortune ne modifia en rien le caractère de Pierre Chaumont ; il conserva les habitudes simples et modestes de sa jeunesse, mais il eut alors la joie de pouvoir venir au secours de nombreuses infortunes. Jamais on ne l'implorait en vain ; sa bourse répondait toujours à l'appel des malheureux.

L'intérêt général était une de ses constantes préoccupations, et c'est dans le louable but de faciliter le recrutement d'agriculteurs instruits qu'il proposa au Conseil général du Puy-de-Dôme d'installer dans le domaine de La Molière l'Ecole départementale d'agriculture et d'en assumer la direction. Cette généreuse proposition fut acceptée ; et immédiatement Pierre Chaumont se mit à l'œuvre, sans compter, sans marchander, pour faire de la nouvelle Ecole une des premières de France, tant par son installation que par ses maîtres.

La mort est venue l'enlever brusquement avant qu'il ait pu terminer la mission qu'il s'était donnée ; il a pu néanmoins assister aux heureux débuts de l'Ecole de La Molière, à laquelle le nom de Pierre Chaumont restera attaché d'une façon impérissable.

La nouvelle de la mort de Pierre Chaumont fut un véritable deuil pour la région.

Le *Moniteur du Puy-de-Dôme* (numéro du 30 décembre 1884) l'annonça dans les termes suivants :

Nous apprenons la mort de M. Pierre Chaumont, conseiller général, maire de Glaine-Montaigut, directeur de l'Ecole pratique d'agriculture de La Molière.

Depuis quelque temps déjà la santé de M. Chaumont était chancelante. Mais rien ne faisait prévoir une fin aussi prochaine : il est mort à Paris, samedi dernier, dans son domicile de la rue Taitbout, et, suivant ses désirs, son corps a été transporté à La Molière, où auront lieu les obsèques demain mardi 30 décembre, à 11 heures très-précises. L'office mortuaire sera célébré dans l'église de Glaine-Montaigut, voisine du château de La Molière, où on se réunira.

M. Pierre Chaumont était le véritable fils de ses œuvres ; il devait à son travail, à son activité, à ses habitudes d'ordre, sa haute situation de fortune. Modeste et simple, il n'avait qu'une seule fierté, celle de son passé, et nous nous rappelons avoir vu, dans la vieille salle à manger gothique de l'ancienne demeure seigneuriale des ducs de Massa, les noms des principaux tunnels, dont il avait eu l'entreprise, fixés dans des cartouches aux murailles. C'était, en effet, dans les grands travaux de chemin de fer que l'ancien ouvrier terrassier avait conquis vaillamment le droit d'être seigneur à son tour.

La bienfaisance de M. Chaumont était intarissable ; elle s'étendait au loin avec une véritable prodigalité.

Désireux d'encourager et de former des agriculteurs, il n'a reculé devant aucun sacrifice pour amener le département et l'Etat à lui accorder la création, à La Molière, d'une école appelée à rendre avant peu de signalés services.

Le 22 novembre 1883, M. Chaumont avait été élu membre du Conseil général du Puy-de-Dôme, pour le canton de Billom, en remplacement de M. le docteur Marret.

Les obsèques du regretté conseiller général ont eu lieu au milieu d'une affluence considérable et avec une grande solennité. Parmi les assistants on remarquait :

M. Barrière, président de la Commission départementale ; M. Roger, secrétaire général, représentant M. le Préfet ; M. Cote-Blatin, représentant la Société d'agriculture ; M. Girard-Col, professeur départemental d'agriculture ;

Des entrepreneurs de la ville de Paris ;

MM. Herbauld, Pouchon et Vieillard, conseillers d'arrondissement ;

MM. Scheffler et Baudonnat, chefs de division à la Préfecture du Puy-de-Dôme ;

Tous les maires du canton.

Sur la tombe entr'ouverte et au milieu de l'émotion générale les discours suivants furent prononcés :

DISCOURS DE M. ROGER

Secrétaire Général de la Préfecture du Puy-de-Dôme.

MESSIEURS,

M. le Préfet du Puy-de-Dôme a bien voulu me confier le pénible honneur de venir en son nom saluer pour la dernière fois l'honnête homme qui vient de disparaître. La douloureuse mission qui m'est confiée me donne du moins la consolation de pouvoir exprimer les sentiments de vive sympathie que m'ont causés mes trop courtes relations avec M. Chaumont.

Certes, j'ai eu à maintes reprises la bonne fortune de pouvoir apprécier les nombreuses et solides qualités de notre ami commun, et je me plais à déclarer que jamais je n'ai connu nature plus droite, caractère plus élevé, cœur plus compatissant et plus sensible.

Tour à tour maire de Glaine-Montaigut, conseiller d'arrondissement et conseiller général du canton de Billom, il n'a consenti à accepter ces différentes fonctions qui lui étaient imposées par la confiance publique, que parce qu'il en envisageait uniquement les charges. Nous pouvons l'affirmer, nous tous qui l'avons vu à l'œuvre.

Esprit indépendant et ouvert au progrès, M. Chaumont n'avait pas hésité à adopter les idées démocratiques, qui reflétaient exactement ses aspirations libérales ; et les électeurs du canton de Billom savaient bien qu'en remettant leurs intérêts entre les mains loyales du maire de Glaine-Montaigut, ils prenaient pour les représenter un républicain convaincu.

Accueillant et serviable, il n'a jamais rien sollicité pour lui, et le mobile de son existence politique a toujours été le bien public.

Tout dernièrement encore, ne consentait-il pas, au prix de réels sacrifices, à créer cette École d'agriculture de La Molière, à l'aménagement et à l'embellissement de laquelle il a consacré les derniers moments de sa vie ?

Je suis heureux de déclarer qu'en agissant ainsi M. Chaumont a bien mérité du Gouvernement, toujours soucieux des intérêts agricoles.

Son nom restera, du reste, j'en ai la conviction profonde, attaché à cette œuvre si féconde en résultats pratiques.

Messieurs, la vie de M. Chaumont est pour nous tous un grand enseignement : elle nous montre qu'avec du travail, de la persévérance et de l'honnêteté, on peut arriver à la fois à la fortune et aux honneurs.

Elle sera pour les enfants de notre ami un exemple qu'ils auront à cœur de suivre.

Qu'ils reçoivent ici, avec leur mère, l'expression de notre bien sincère douleur.

DISCOURS DE M. BARRIÈRE

Président de la Commission départementale.

—

Messieurs,

Je viens, en l'absence du Président de notre assemblée départementale, retenu par ses devoirs parlementaires, dire à Chaumont, au nom du Conseil général, le dernier adieu !

Depuis un an à peine, il avait été envoyé, par le canton de Billom, pour siéger parmi nous, en remplacement du docteur Marret, que nous avons aussi perdu ! La mort fauche à grands coups les hommes politiques de ce canton ! Candidat républicain, il avait pris place dans la majorité du Conseil, qui lui avait ouvert ses rangs, heureuse de le reconnaître pour un des siens, et de lui donner, par son appui, les moyens de faire tout le bien qu'il rêvait. Mettant sa grande fortune au service d'une grande idée, il a pu créer et voir fonctionner cette École d'agriculture qui restera comme un impérissable souvenir de sa générosité et de sa préoccupation des intérêts de son pays ; il avait compris que cette science agricole, trop peu en honneur dans notre département, avait besoin d'être rendue diffuse ; il se disait, lui, qui est né dans un pays où l'émigration prive la terre des bras utiles à sa culture, qu'il fallait retenir ces bras et faire aimer la terre. Ses idées appliquées à La Molière lui survivront ; son œuvre sera continuée et perpétuera son souvenir.

Je ne parlerai pas devant vous tous qui le connaissiez, Messieurs, et qui lui aviez donné votre confiance, de la générosité de son caractère ; ami dévoué, il était prêt à tous les sacrifices et il était pour tous un véritable ami ; il nous a quittés laissant aux siens la plus grande de toutes les fortunes, le titre d'honnête et utile citoyen.

Adieu, Chaumont, cher collègue, adieu !

DISCOURS DE M. GIRARD-COL

Professeur d'Agriculture du département.

Messieurs,

Au nom de l'Administration de l'agriculture, je viens rendre un dernier hommage à M. Chaumont, le directeur-fondateur de notre École pratique d'agriculture, école sur laquelle l'Administration et les amis de l'agriculture ont fondé les plus grandes espérances, du jour où M. Chaumont, avec un désintéressement qui l'honorait, avait bien voulu consentir à la créer dans sa belle et vaste propriété de La Molière.

Nous tous, ses amis, savions, hélas! que le sympathique Directeur était atteint depuis déjà longtemps d'une maladie qui ne pardonne pas; mais à le voir encore cet automne nous accompagnant dans la visite de sa propriété, nous montrant ce qu'il avait fait et nous expliquant ce qu'il comptait faire dans l'intérêt de l'École, nous nous laissions aller à la douce illusion : que cet homme de cœur, si dévoué à la chose publique, pourrait jouir quelques années encore de la prospérité que lui devra notre jeune École. Mais hélas! Messieurs, la destinée en a décidé autrement, et M. Chaumont s'est éteint au moment même où l'Administration supérieure de l'agriculture allait lui *décerner une de ses distinctions spéciales*.

M. Chaumont, qui était véritablement le fils de ses œuvres, parvenu à la fortune, n'aspirait qu'à un but : rendre heureuse sa famille et faire le bien autour de lui. Il possédait par-dessus tout cette droiture et cette générosité qui font aimer un directeur de ses élèves et qui lui ont attiré les sympathies de tous ceux qui l'approchaient.

Puissent ces sympathies adoucir la douleur de sa famille, de sa digne compagne qu'il aimait à associer à ses travaux et à ses aspirations, et de ses chers enfants auxquels une vie toute de travail servira d'exemple et de guide.

Dieu veuille que l'œuvre entreprise sous de si généreux auspices prospère et honore la mémoire de l'homme qui lui a consacré ses derniers efforts.

Adieu, Chaumont, adieu !

DISCOURS DE M. FOURNIOUX

Sous-Directeur de l'École de La Molière.

———

MESSIEURS,

Avant de quitter cette tombe, je viens, au nom de mes collaborateurs, déposer un juste tribut d'hommage et de reconnaissance à la mémoire de celui qui a été le fondateur de notre École.

Je n'essaierai pas de retracer ici la vie si bien remplie de l'homme auquel nous venons de rendre les derniers devoirs, je viens tout simplement lui adresser un suprême adieu.

Un homme si essentiellement bon eût mérité une longue vie, bienfait non pas pour lui peut-être, mais pour son École dont il eût grandi la renommée et assuré la prospérité.

Nous aimions tous M. Chaumont, nous le pleurons, et la douleur de tous sera peut-être, nous en avons le sincère désir, une consolation pour sa compagne qu'il associait à ses travaux, à ses aspirations vers le bien, et qui le secondait avec dévouement.

Louer dans notre Directeur l'activité, le travail, le désintéressement, c'est rendre à sa mémoire un bien simple et bien légitime hommage ; mais cet hommage serait trop incomplet si nous ne rappelions

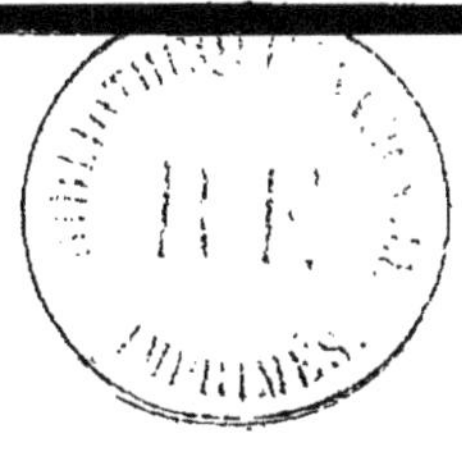

ce qui fut comme le cachet de sa vie tout entière, je veux dire sa bonté. M. Chaumont était bon dans le sens le plus large de ce mot ; il avait cette bonté supérieure qui n'exclut ni la fermeté, ni même la sévérité, mais qui les accompagne et les tempère ; il savait se faire aimer même de ceux que sa justice devait atteindre. On la sentait, cette bonté, dans tous ses actes et dans toute sa personne. — Une mort subite ne l'effrayait pas, et il était en droit de ne pas la redouter ; ce juste, ce vaillant, pouvait, à toute heure, aller comparaître devant le Juge suprême : il a fait son œuvre ici-bas, il y laisse un nom honoré, et s'en va pleuré de tous ceux qui l'ont connu. Ce n'est pas lui que je plains !... mais cette grande maison à la tête de laquelle il ne sera pas remplacé. Ah ! oui, Messieurs, la mort de M. Chaumont est une perte irréparable pour La Molière.

Espérons que le souvenir ineffaçable que le Directeur laisse derrière lui protégera son École qu'il a tant aimée.

Et vous, reposez en paix, cœur généreux, âme d'élite. Sur votre dernière demeure, ceux qui honorent votre mémoire pourront graver cette simple et glorieuse épitaphe :

ICI REPOSE UN HOMME DE BIEN.

Adieu, cher Directeur, nous ne vous oublierons pas, votre souvenir restera vivant parmi nous ! Adieu !...

DISCOURS DE M. DESCHAMPS

Professeur à l'École de La Molière.

Messieurs,

C'est au nom des élèves de l'École de La Molière que je viens sur cette tombe exprimer un regret qui est dans tous les cœurs.

Oui, nous perdons aujourd'hui un homme de bien, loyal et généreux ; chers élèves, nous perdons un père.

Notre Directeur nous connaissait à peine, nous étions encore des étrangers dans sa maison, que déjà il nous prodiguait tous les trésors de son cœur, toutes les bontés de son âme. Il nous donnait à chaque instant des preuves de sa sollicitude qui ne nous a jamais abandonnés.

Aussi, comme nous aimions à voir cette noble tête, que le labeur avait blanchie avant l'âge, venir s'entretenir familièrement avec nous et nous aider de ses conseils !

Debout jusqu'à la dernière heure, malgré la faiblesse qui l'envahissait chaque jour davantage, son cœur généreux n'a pas failli un seul instant.

Hélas! nous voilà privés de ce soutien. Mais il faut nous incliner, car l'arrêt est irrévocable.

Adieu donc, cher maître ; nous continuerons avec ardeur la noble tâche que vous avez entreprise ; votre mémoire nous sera toujours chère, votre souvenir restera ineffaçable parmi nous.

Puisse l'écho de nos regrets apporter un adoucissement à la douleur de votre digne compagne, de vos enfants et de votre famille.

Adieu, cher Directeur! encore une fois, adieu!

DISCOURS DE M. THOMAS

Docteur en médecine à Billom.

———

Messieurs,

Au nom de tous ses nombreux amis, et après les paroles autorisées que vous venez d'entendre, permettez-moi de dire un dernier et suprême adieu à M. Pierre Chaumont.

Ses débuts furent difficiles : il travaillait déjà alors que d'autres sont sur les bancs des écoles, et tout jeune encore il avait acquis l'expérience d'un homme mûr.

Grâce à son travail opiniâtre et à son intelligence, il arriva rapidement à une brillante position et à une grande notoriété comme entrepreneur de travaux publics.

A ce moment, il aurait pu se retirer et jouir d'un repos bien mérité ; mais il était de ces hommes qui ne savent pas se reposer et pour lesquels le travail est une nécessité.

Habitant notre pays depuis 1868, il embellit, transforma cette propriété de La Molière où il aimait tant à habiter. Il fut bien vite connu et aimé dans son pays d'adoption, et ses nouveaux compatriotes, qui appré-

cièrent ses nombreuses qualités, l'élurent premier
conseiller municipal en 1870. Nommé maire à cette
époque, il a toujours vu depuis renouveler son man-
dat. Comme maire, il concilie chacun ; il fait répa-
rer et augmenter les chemins vicinaux, — fait don
d'une horloge, — bâtir une halle, — construire ce
cimetière où il est presque un des premiers à venir
reposer. Son administration fut, en un mot, féconde
en heureux résultats, et sa commune perd en lui un
administrateur vigilant et dévoué. Toujours désireux
de bien faire et d'être utile à son pays, il crée cette
École d'agriculture appelée à rendre de si grands services à notre contrée. Cette École était sa préoccupation constante ; il désirait la voir se terminer et il y
pensait toujours, même au milieu de ses grandes
souffrances.

Il était apprécié dans tout le canton comme dans la
commune de Glaine, et il a été nommé successive-
ment conseiller d'arrondissement et conseiller général.

Comme ami, que vous dirai-je que vous ne sa-
chiez déjà : tous ceux qui le connaissaient, tous ceux
qui l'ont approché, savent combien il était bon, dévoué, serviable, ne regrettant qu'une chose : de ne
pouvoir vous obliger davantage. Il ne comptait que
des amis ; il employait cette fortune, si honnêtement
et si laborieusement acquise, à faire le bien tout autour de lui.

Le souvenir des bienfaits qu'il a rendus, la reconnaissance de tous ceux qu'il a obligés, seront pour sa veuve un adoucissement à sa douleur, un encouragement pour sa jeune famille. La vie de M. Pierre Chaumont a été un continuel exemple de travail, d'honnêteté et de dévouement.

Aussi, Messieurs, imitons-le, afin qu'un jour l'on puisse dire de nous ce que je dis aujourd'hui sur sa tombe : C'était un honnête homme ; il a passé en faisant le bien.

Enfin M. Clappier, maire de Billom, a envoyé un dernier adieu à celui qu'il avait appris à aimer et à estimer depuis longtemps.

Château de La Molière, Janvier 1885.

CLERMONT-FERRAND. — IMPRIMERIE G. MONT-LOUIS

2, rue Barbançon, 2

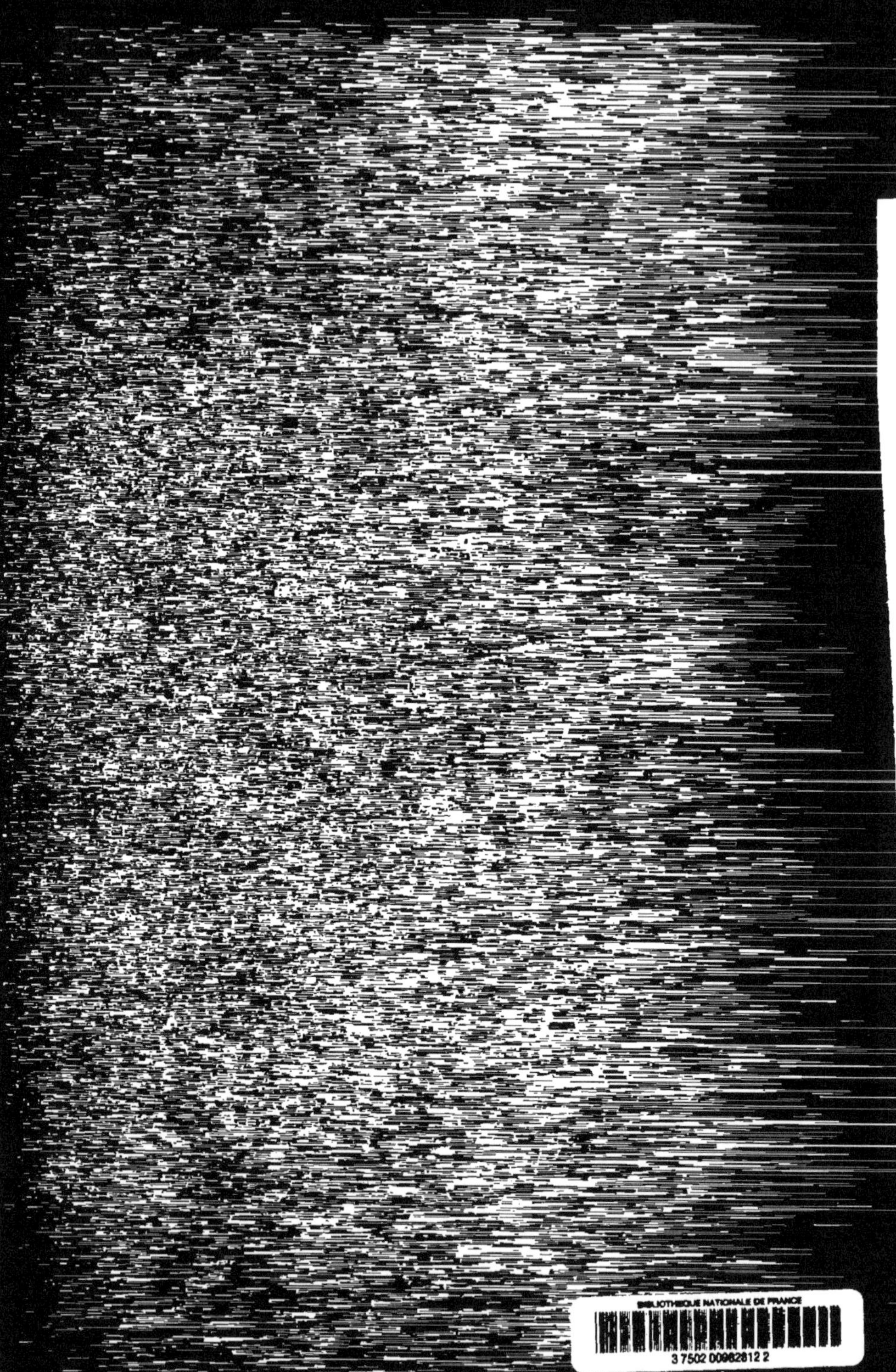

www.ingramcontent.com/pod-product-compliance
Ingram Content Group UK Ltd.
Pitfield, Milton Keynes, MK11 3LW, UK
UKHW020059100726
13658UKWH00004B/1867